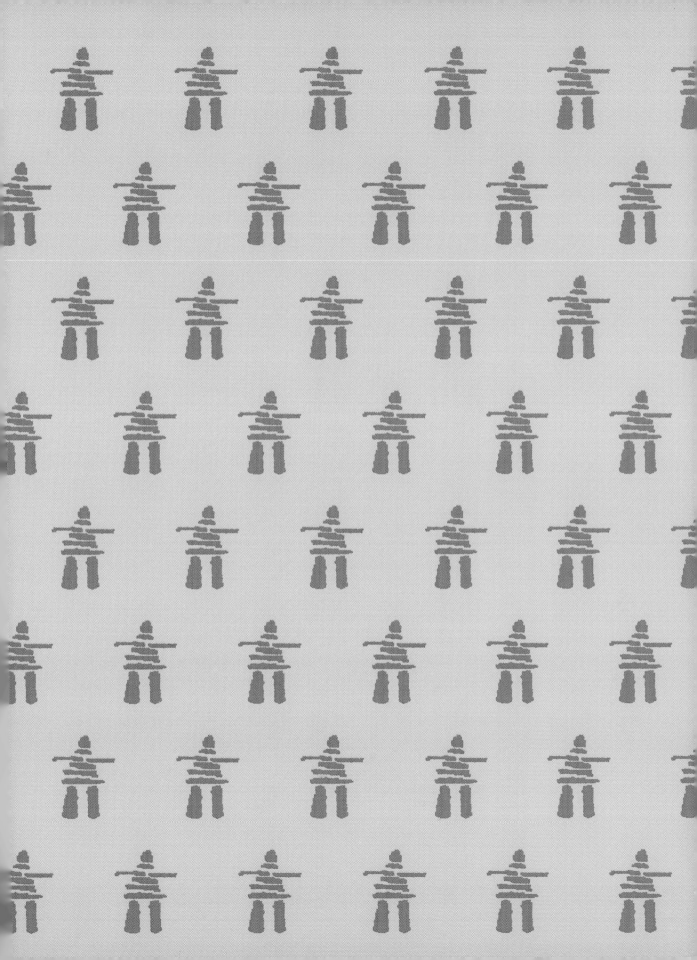

Nous dédions « Un Inukshuk solitaire » à tous les enfants du Nunavut qui essaient de trouver leur chemin.

École Inuglak

Un merci tout spécial à Sophie Igviksaq et Maggie Putulik, spécialistes linguistiques (dialecte Inuktitut de Whale Cove).

Un glossaire à la page 24 comprend tous les mots Inuktitut employés dans ce livre.

Le drapeau du Nunavut, dévoilé le 1er avril 1999, représente un inukshuk et l'étoile Polaire. Les couleurs bleu et or symbolisent la richesse de la terre, de la mer et du ciel.

Données de catalogage avant publication (Canada)

Vedette principale au titre :
Un Inukshuk solitaire

Traduction de : The Lonely Inukshuk.
Textes en français avec une traduction Inuktitut.
ISBN 0-590-51652-3

1. Inuit – Nunavut – Romans, nouvelles, etc. pour la jeunesse.
I. École Inuglak (Whale Cove, Nunavut).

PS8550.L6614 1999   jC813'.54   C99-931589-7
PZ23.I58 1999

4 3 2 1   Imprimé au Canada   9 / 9 0 1 2 3 / 0

Un Inukshuk solitaire

Écrit et illustré par un groupe d'élèves de

L'École Inuglak, Whale Cove (Nunavut)

Alanna Copland	7ᵉ année	Dolores Maktar	5ᵉ année	Peter Scottie	5ᵉ année
Germaine Ekwalak	6ᵉ année	Rachel Misheralak	6ᵉ année	Lisa-Grace Sheetoga	7ᵉ année
Malaiyah Enuapik	4ᵉ année	Karlene Napayok	5ᵉ année	Lazarus Teenar	5ᵉ année
Samuel Igviksaq	5ᵉ année	Michelle Nattar	6ᵉ année	Laura Uluadluak	4ᵉ année
Tina Kaurayok	6ᵉ année	Mona Panika	5ᵉ année	Florentine Voisey	5ᵉ année

Sous la direction des enseignants
Sue Callard, Ken Jacobi et Michael Montcombroux

**Festival
du Livre**ᴹᴰ

*Le Festival du Livre célèbre l'imagination
des jeunes auteurs et illustrateurs!*

Il était une fois, tout près du petit village de Tikiraqjuak, un Inukshuk solitaire au sommet d'un rocher. Ses seuls amis sont la terre et les fleurs qui poussent autour de lui. Très souvent, il se demande pourquoi il est seul sur le rocher. Il décide donc de demander aux animaux pourquoi il est là.

ᖃᙯᓗᖅ, ᑭᖕᒥᐅᑦ ᖃᖕᓂᖕᓂ ᐅᕝᕿᓕᓐᓂᒃ ᓄᓇᓕᖓᕆᑦ ᑎᑭᕋᕐᔪᐊᑦ ᖃᓂᒡᕐᓂᒃ ᐊᓄᒃᔭᖅᑕᖄᐅᖅᖢᒪᖕᒪᑦ ᐃᓄᑑᕐᔪᖅᖢᓯᓪᖢᓂ. ᐱᖃᙰᑐᐊᕌᓴᐅᖅᖢᒪᖕᑦ ᑖᒃᑯᐊ ᓄᓇ ᐊᒡᒪ ᐱᖅᖁᔭᑦ ᐱᖅᖃᔾᑎᑦ ᐊᕙᓗᐊᓂ ᐃᓄᒃᔪᑦ. ᐃᓯᒪᖃᑦᑕᐅᖅᐳ ᔨᖅ ᐃᓄᑑᒃᐱᖁᐊᖕᓘᑦ ᑕᒪᓂ ᑭᖕᒥᐅᑦ ᖃᖕᓂ. ᐊᐱᕆᒪᖃᑦᑕᕋᒐᓱᐊ ᓂᖅᕿᓂᒃ ᔨᖅ ᑕᒪᖅᒪᖁᖕᓯᒥ.

Un jour de printemps, Tiriaq la belette se promène près de Inukshuk. Inukshuk demande à Tiriaq si elle sait pourquoi il est là. Mais la belette n'a pas le temps de répondre. Elle creuse un trou pour garder ses petits au chaud durant les longues nuits froides.

ᐅᐱᕐᖓᖃᓗᒍᑎᓪᓗᒍ ᐅᑦᓄᐃᑦ ᐃᓚᖃᓗᓂᒃ, ᑎᕆᐊᖅ ᐊᓯᒪᓪᓄᐊᕐᑦᓱᓂ ᖃᓄᓈᖅᐳ ᐃᓄᒃᓴᕐᖓᒥ. ᐃᓄᒃᓴᒃ ᐊᐱᕆᓴᖅ ᒐᓯᒍᓪᖓᒪ ᑎᕆᐊᔅᑉ ᓱᖅ ᑕᒫᓅᒪᖏᒃᒥ. ᑭᓯᐊᓂ ᑎᕆᐊᖅ ᐱᓂᓗᐊᓕᑐᐅᒡᒪᑦ ᐅᖃᓪᓚᑎᖃᐸᓇᖏᕆᓴᖅ. ᓯᑎᓄᐸᐅᒡᒪᑦ ᐱᐊᖑᕐᒥᓄᑦ ᐃᓘ ᐅᐊᑐᒃᑯᑦ ᐃᖅᐱᓇᖅᔪᖃᑕᕐᒪᑦ.

Quelque temps après, Tuktu le caribou arrive à son tour. Inukshuk demande à Tuktu si elle sait pourquoi il est là. Mais le caribou n'a pas le temps de répondre. Elle doit continuer son long trajet pour donner naissance à ses petits.

ᐅᕙᑦᑎᐊᖅᐸᒻᒍᔅᒪᑦ, ᑐᒃᑐ ᖃᓄᐃᓕᖅᐳᖅ. ᐃᓄᒃᓯᒃ ᐊᐱᕆᑕᖅ ᑐᒃᑐᒧᑦ ᖃᐅᔨᒪᖃᑦᑕᕐᓗᓂ ᔅᒃ ᑕᒫᓂᐅᒻᒪᖅᒦ. ᑭᓴᐆᓂ ᑐᒃᑐ ᐱᓯᓇᒍᐊᓴᑕᐅᖅᒪᑦ ᐅᖃᓕᐅᖅᓇᖅᑎᑭᕆᖃᕐᓂᓯᖅ. ᑐᒃᑐ ᑐᐊᓇᓴᐊᓇᑕᐅᖅᒪᑦ ᐱᓴᕆᐊᖃᐊᑕᐅᖅᒪᑦ ᐅᖅᓕᔅᒃᒐᑐᒻᑦ ᐱᓴᐊᖅᓇᒃᒃᑦᒥᖅᒧᑦ ᐅᐱᓯᖅᔪᕆᖅᐅᖅᒪᑦ.

Enfin, le printemps cède sa place à l'été. Inukshuk est toujours seul. Un jour, il regarde la baie d'Hudson à l'horizon et aperçoit Qinalugaq le béluga près de la rive. Inukshuk demande à Qinalugaq s'il sait pourquoi il est là. Mais le béluga n'a pas le temps de répondre. Il n'a rien mangé de la journée et il a très faim. Il poursuit Iqaluk l'omble de l'Arctique.

ᐅᐱᖕᒪᖅ ᖃᖓᖅᐳᖅ ᐊᐅᔭᖕᒍᖅᐳᖅ. ᐃᓄᒃᔪᒃ ᓯᓇ ᐃᓄᔪᖕᒍᖅᐳᖅ. ᐃᓚᖁᓇᖕ ᐅᔪᐊᔾ, ᐃᓄᒃᔪᒃ ᑕᐅᑐᖅᐸᓯᓇ ᓯᐊᓇᔾ. ᖃᓇᓗᒑᒥᖕ ᑕᑯᔪᖅ ᓄᓇᐅᔾ ᓴᓂᐊᓇ. ᐃᓄᒃᔾ ᐊᐱᕆᔪ ᖃᓇᓗᒃ ᖃᐅᔨᒪᖕᒪᖕᖕᓚᔾ ᔾᖕ ᑕᒻᓇᖕᒪᖕᖕᒥ ᓄᐊᒥ. ᑭᓯᐊᓂ ᖃᓇᓗᒃ ᐱᓱᓇᐊᓕᐅᖅᒪᖕᑕᖅ ᐅᖕᖕᓚᖕᑎᕆᒐᖅ ᐃᓄᒃᔾ. ᐅᔪᔪᖅᑖᖅ ᓂᕆᖕᒥᑕᐃᖕᓇᖕᓚᖕ ᖃᐅᒻᓚᐅᑎᓚᐅᖅᖕᒪ ᐃᖃᓗᒃᔪᖕᓄ. ᐃᖃᔪᖕᐱᓇᖕ ᒪᓕᖕᓴᐃᖕᓇᖅᐱᓇ ᓂᓇᓇᐊᕕᒥ.

Plus tard, Ukaliq le lièvre arctique arrive en sautant. Inukshuk demande à Ukaliq si elle sait pourquoi il est là. Mais le lièvre n'a pas le temps de répondre. Amaruq le loup court après elle. Elle doit se cacher parmi les rochers pour ne pas se faire manger.

ᐅᕙᑦᓯᐊᕈᖑᕐᒪᑦ, ᐅᑲᓕᖅ ᖃᓂᓈᓕᕆᔪᖅ. ᐃᓄᒃᓱᒃ ᐊᐱᕆᕚ ᑖᒪ ᐅᑲᓕᖅ ᖃᐅᔨᒪᖕᒪᖕᒑᑦᓕ ᓲᖅ ᑕᒫᓃᒻᒪᖕᒑᕐᒥ. ᑭᓯᐊᓂ ᐅᑲᓕᖅ ᐱᓕᕆᓗᐊᓚᐅᕐᒪᑦ ᐅᖃᑦᓚᖃᑎᒋᒋᐊᖅ ᐃᓄᒃᓱᒃ. ᓲᖃᐃᒻᒪ ᐊᒪᕈᖅ ᐅᓪᓵᕆᓚᐅᕐᒪᑦ ᑖᑉᓱᒥᙵᑦ ᐅᑲᓕᕐᒥᒃ ᐊᒻᒪ ᐃᔨᕆᐊᖅᑲᖅᓯᓂ ᓂᕆᔭᐅᔾᔮᙱᒻᒪᑦ ᐊᒪᕈᕐᒧᑦ.

L'été s'écoule et l'automne arrive à grands pas. Un jour, Siksik le souslik s'approche. Inukshuk demande à Siksik s'il sait pourquoi il est là. Mais le souslik n'a pas le temps de répondre. Il mange des paurngait et des aqpiit – des mûres et des chicoutées – pour engraisser avant son sommeil hivernal.

ᐊᐅᔭᖅ ᖃᖕᒥᓇᕐᔪᖅ ᐊᒻᒪ ᐅᑭᐊᒃᓵᕐᔪᒃᑲᐅᑎᒋᖅᓯᓂ. ᐅᑦᔪᐊᑦ ᐃᓚᖁᓱᓂᒃ
ᓯᒃᓯᒃ ᖃᓄᐊᓕᓇᕐᔪᖅ. ᐃᓄᒃᔨᐊ ᐊᐱᕆᖅ ᑖᓇ ᓯᒃᓯᒃ ᖃᐅᔨᒪᖕᒪᖕᒑᑦᓕ ᔨᖅ ᑕᒪᖓᒻᒪᖕᒋᒥ.
ᑭᓯᐊᓂ ᓯᒃᓯᒃ ᐅᖃᔅᓚᒃᑎᖅᒃᐸᓈᓇᐅᖕᓯᖅ ᐃᓄᒃᔪᖕᒥ ᖀᐃᑎᓈᕋᔨᐅᖕᒪ ᓯᓂᖃᖅᑎᓈᔪ
ᐅᑭᐅᖕᒪᒃ.

Un peu plus tard, Inukshuk aperçoit Nanuq l'ourse polaire sur la glace de la baie d'Hudson. Inukshuk demande à Nanuq si elle sait pourquoi il est là. Mais l'ourse n'a pas le temps de répondre. Elle essaie d'attraper Nattiq le phoque par un trou dans la glace.

ᐅᕓᓯᔭᕆᖕᒍᒪᓪᒪᑦ, ᐃᓄᒃᓱᒃ ᑕᑯᕆᐳᖅ ᓇᓄᕐᒃ ᓴᓂᓂᐅᑐᒥᒃ. ᐃᓄᒃᔨᐸ ᐊᐱᕆᓂ
ᑖᓇ ᓇᓄᖅ ᖃᐅᔨᒪᖕᒪᖕᒥᓕᓐᕐ ᓲᖅ ᑕᒫᓂᒪᖕᒦᕐ. ᑭᓴᐃᓂ ᓇᓄᖅ ᐱᓴᓘᐊᑲᐅᑎᒪᑦ
ᐅᖅᑲᓪᑲᑎᖅᑲᓇᐊᖅ ᐃᓄᒃᔨᒥᒥᑦ. ᓇᑦᑎᒥᒃ ᐊᑉᔪᐊᕐᑐᒥᑦ ᐱᑕᕇᓴᐅᑎᒪᑦ ᐱᐊᒦᐅᕐᒥᑦ
ᓂᖅᔪᐊᖅᒃᓯᓂᕐᒃ.

L'automne tire à sa fin et les journées deviennent très froides et très sombres. Un jour, Inukshuk voit Aqiggiq la perdrix blanche qui creuse un trou dans la neige. Inukshuk demande à Aqiggiq si elle sait pourquoi il est là. Mais la perdrix n'a pas le temps de répondre. Elle doit se recouvrir de neige pour rester au chaud pendant la nuit.

ᐅᑭᐅᖅ ᖄᖏᓇᒍᖅ ᐅᑉᓗᐃᑦ ᓇᐃᑦᑐᑯᓘᓕᖅᐳᑦ ᐃᒃᑮᕐᓇᖅᑐᐊᓘᑦᓯᓂ ᐊᒻᒪ ᑖᖅᓯᓴᖁᐃᓕᖅᓯᓂ. ᐃᓄᒃᓱᒃ ᑕᑯᓕᓇᒍᖅ ᐊᖅᑭᒡᒋᕐᒥᒃ ᐊᐳᒻᒥᑦᑐᒥᒃ. ᐃᓄᒃᓲᑉ ᐊᐱᕆᕚ ᑖᒻᓇ ᖃᐅᔨᒪᖕᒪᖔᑦᓂ ᓲᖅ ᑕᒫᓃᒻᒪᖔᕐᒥ. ᑭᓯᐊᓂᒃ ᐊᖅᑭᒡᒋᒃ ᐱᓕᕆᓗᐊᓚᐅᖅᒪᑦ ᐅᖃᓪᓚᖃᑎᒋᒋᐊᖅ ᐃᖕᒥᓂᒃ ᓴᐅᑎᓕᓚᐅᖅᐳᖅ ᐊᐳᒻᒧᑦ ᐆᓇᕐᕖᒥᒍᒪᒧᑦ ᐅᓐᓄᒃᑯᑦ.

Peu de temps après, Inukshuk aperçoit Tiriganiaq le renard blanc. Inukshuk demande à Tiriganiaq s'il sait pourquoi il est là. Mais le renard n'a pas le temps de répondre. Il essaie de voler la nourriture de l'ourse polaire.

ᐅᕙᑦᓯᐊᐳᖃᖅᒍᒪᒡᓕᑦ, ᐃᓄᒃᔪᒃ ᑕᑯᓕᓂᖅᖢ ᑎᕆᒐᓂᐊᖓᒥᒃ ᖃᕐᒥᖅᓲᕋᖅᑑᒥᒃ. ᐃᓄᒃᔪᒃ
ᐊᐱᕆᓛᓱ ᑖᓇ ᑎᕆᒐᓂᐊᖅ ᖃᐅᒪᖤᒪᖕᖏᑦᖢᓇ ᓲᖅ ᑕᒫᖦᒪᖕᖏᕐᒥ. ᑭᓱᐊᓂ ᑎᕆᒐᓂᐊᖅ
ᐱᓕᕆᐅᐊᑐᐅᖅᒪᒡᓕᑦ ᐅᖃᓕᖃᑎᒌᕆᐊᖅ ᐃᓄᒃᔪᒃ. ᑎᕆᒐᓂᐊᖅ ᑎᕝᓕᑲᔭᕆᐊᐅᖅᒪᒡᓕᑦ ᓇᓅᑦ
ᓂᕐᑭᐊᓂᒃ.

Par un jour ensoleillé, à la fin de l'hiver, Inukshuk voit neuf qimmiq – neuf chiens – tirant un qamutik, un traîneau. Les chiens s'approchent et Inukshuk aperçoit deux personnes sur le traîneau. Inukshuk demande à Ataata s'il sait pourquoi il est là. Mais le père n'a pas le temps de répondre, car il parle de la terre avec son fils, Irniq. Inukshuk l'écoute attentivement.

ᐅᑉᓗᐃᑦ ᐃᓚᖓᓂᒃ ᐅᑭᐅᖀᓗᖕᒥᒃ, ᐃᓄᒃᓱᒃ ᑐᓴᖅᐳᖅ ᕿᒻᒥᓂᒃ ᕿᒧᒃᑐᓂᒃ ᐅᖓᓯᒃᑐᒥᒃ ᓄᓇᒥᑦ. ᓱᓇᐅᒪᖔᑦ ᓇᓗᓕᓚᐅᖅᐳ ᑕᐃᒪᓐᓇ ᓂᐱᓕᖕᒥᒃ ᑐᓴᓚᐅᖅᓯᒪᖖᒋᓐᓇᒥ, ᑕᑯᓕᖅᐸᖕᒋᑦ ᖁᓕᖕᒋᓗᐊᖅᑐᑦ ᕿᒻᒦᑦ ᑲᓕᕐᓘᑎᒃ ᖃᒧᑎᒥᒃ. ᐊᓯᐃᓛᒃ ᕿᒻᒦᑦ ᖃᒡᓕᕗᑦ, ᑖᓐᓇ ᐃᓄᒃᓱᒃ ᑕᑯᓯᕗᖅ ᒪᖀᖕᓂᒃ ᐃᓄᖕᓂᒃ, ᑖᒃᑯᐊ ᐊᑖᑕᐅᔪᖅ ᐊᒻᒪ ᐃᖅᓂᖓᑦ ᖃᐅᔨᒦᑦᑐᑦ. ᐃᓄᒃᓱᒃ ᐊᐱᕆᕖ ᑖᓐᓇ ᐊᑖᑕᐅᔪᖅ ᖃᐅᔨᒪᖕᒪᖖᒑᓪᓕ ᓰᖅ ᑕᒫᓃᒻᒪᖖᒑᖅᒥ. ᑭᓯᐊᓂ ᐊᑖᑕᐅᔪᖅ ᐱᓕᕆᓗᐊᓚᐅᖅᒪᑦ ᐅᖃᓪᓚᖃᑎᖃᕆᐊᖅ ᐃᓄᒃᓱᖕᒥᒃ. ᐃᓕᓐᓂᐊᖅᑎᓚᐅᖅᒪᒍ ᐃᖅᓂᓂ ᓄᓇᐅᑉ ᒥᒃᓵᓄᑦ. ᐅᖃᓪᓚᓕᖅᒪᑦ ᐃᓄᒃᓱᒃ ᑐᓵᓕᖅᐳᖅ.

Ataata explique à Irniq qu'il doit chercher Inukshuk si jamais il se perd. Les bras d'Inukshuk montrent toujours le chemin du retour et pointent vers les lacs avec leur bonne eau à boire et leurs poissons à pêcher.

Ataata et Irniq reprennent leur chemin et Inukshuk songe à ce qu'il a entendu. Il comprend enfin qu'il est très important. Inukshuk ne se sent plus jamais seul. Il sait qu'il est vraiment spécial. Encore aujourd'hui, les personnes qui cherchent leur chemin se tournent vers Inukshuk, là-haut sur le rocher.

ᐊᖃᑕᐅᔫᖅ ᐃᕐᓂᓂ ᐅᖃᐅᑎᕖ ᐊᓴᐅᓂᖅᐸᒃ ᖃᓂᖃᒪᖅᐳᖅ ᐃᓄᖅᓯᓇᒦᖅ. ᐃᓄᖅᔨᒃ ᑕᓕᐹᕐᒃ ᑐᖅᖅᓱᒪᐊᔪᒃ ᓄᓇᓕᕋᖕᒧᒃ ᐊᖃᑕᐅᔫᖅ ᐅᖃᐅᑎᕖ ᐃᓴᓂ ᐃᓚᓐᒪ ᑕᓴᐊ ᑐᖅᓴᖕᒦᒃᐳᖅ ᑕᕐᓴᒃᑕ ᐃᒪᖅᑕᐊᖃᖅᑐᒃᑐᒃ ᐊᒡᒪ ᐃᖃᓗᖃᖅᑐᒃᑐᒃ ᓂᕆᕐᕐᖕᖅᐳᐅᒍᓇᖅᑐᓂᖅ.

ᐊᖃᑕᐅᔫᖅ ᐃᕐᓂᓂᓗ ᐊᐅᓂᕐᐃᒪᑎ ᐃᓄᖅᔨᖕ ᐃᕐᓕᒣᖅᐳ ᑐᕐᖅᖃᐅᓕᒦᓂᖅ. ᐅᖅᓇᓕᖕᖅᐳᖅ ᐊᑐᓐᖃᓴᖡᐊᕐᖕᒦᓐᖡ. ᐊᕐᐃᓕᖅ ᐃᓄᖅᔨᖕ ᐃᓄᑦᖃᔪᓕᐅᖅᑿᖅᒪᒦᕐᒦᖕᖅᐳᖅ. ᖃᐅᐱᒪᓕᒣᓕᖕ ᐊᑐᖅᑕᐅᕆᒦᐊᔨᐅᒫᒪᖕᒦᖕ. ᒪᓴᐅᐲᖕᖅ ᕆᓇ ᐃᓄᐃᖅ ᐊᕐᐅᕆᐅᕆᐊᖕᑕ ᐃᓄᖅᔨᒻᒦᖕᖅ ᖃᓂᖅᑕᖕᑕᖅᖃᖕᑕ ᑕᖕᐸᓂ ᑭᕐᐅᐅᔨᖕᐲ ᖃᖕᐅᓂ.

Des mots Inuktitut racontent l'histoire du Inukshuk solitaire

INUKTITUT	PRONONCIATION	FRANÇAIS
Amaruq	a-ma-ro	Loup
Aqiggiq	a-ki-gui	Perdrix blanche
Aqpiit	âk-pik	Chicoutées
Ataata	a-taa-ta	Père
Inukshuk	i-nouk-chouk	Inukshuk
Iqaluk	i-ka-louk	Omble de l'Arctique
Irniq	il-nik	Fils
Nanuq	na-nouk	Ourse polaire
Nattiq	na-tik	Phoque annelé
Paurngait	paö-nak	Mûres
Qamutik	ka-mou-tik	Traîneau
Qimmiq	ki-mik	Chiens de traîneau
Qinalugaq	ki-na-lou-ga	Béluga
Siksik	sik-sik	Souslik
Tikiraqjuak	ti-ki-ra-joik	Whale Cove
Tiriaq	ti-ri-ak	Belette
Tiriganiaq	ti-ri-ga-ni-ak	Renard blanc
Tuktu	touk-tou	Caribou
Ukaliq	ou-ka-lik	Lièvre arctique

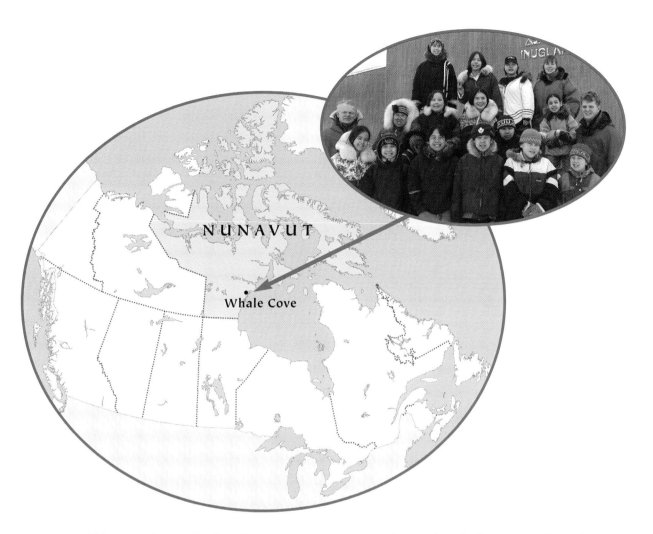

NUNAVUT

Whale Cove

Des élèves de Whale Cove remportent le prix *Créons un livre*!

Le 1er avril 1999, le territoire du Nunavut – qui signifie « notre terre » dans la langue Inuit du Inuktitut – devient membre de la Fédération canadienne.

Whale Cove, une communauté principalement Inuit, situé juste au sud de Rankin Inlet sur la côte ouest de la baie d'Hudson, se distingue par l'abondance de sa faune et la splendeur de ses vastes étendues naturelles.

Les jeunes auteurs et illustrateurs de Whale Cove se sont inspirés des légendes et des paysages du Nunavut pour créer *Un Inukshuk solitaire*, un parfait hommage à la grande richesse de leur communauté arctique. Racontée aussi dans le dialecte Inuktitut de Whale Cove, cette histoire saura captiver les jeunes lecteurs et lectrices des quatre coins du pays.